anty
micheal g
me a
a Troll

Jade gave
me 3 sops for christmas
anty branda and sue
I made a Tub g
some tits
of Nana and grandad
I made carrol
barge tetty bean
jolly sweats

os mumy and
I had daddy
a machon
cubook slipers
needle grust
a suit jigesf set

os anty juin and
uncle doug
I had a chock
orige and a
musicle dooll

os anty perl
and fairy I had
some boble bath

os Jayn aunty clare and uncle John i hade soap powder boble bath and samely

os cathy I had some trousers and a track suit

Porky Pig Pooh and Piglet

5 Minuits Peace

rthing Wood

Paint Bear

Pook Bear

DINO LAND

Pooh

Book Club

children's club ®
BOOK OF THE MONTH

7 48 10 10 22

34

Bony

Bonos

7 10 12 2 2 34 48 (11)

Claire

Girl TALK TEAM

Girl IS THE **TALK** BEST!

❀ **YOU'RE MY BEST FRIEND!** ❀

Nikki

Rosalie

Jane

Girl TALK TEAM

Gill The Editor

Girl TALK TEAM

THE BOOK CLUB FOR CHILDREN ™

Nah

Pooh